AF194016

Impressum
Verlag: BABADADA GmbH, Nedderfeld 112 , 22529 Hamburg
Geschäftsführer / Verlagsleitung: Harald Hof
Druck: Books on Demand GmbH, In de Tarpen 42, 22848 Norderstedt

Imprint
Publisher: BABADADA GmbH, Nedderfeld 112 , 22529 Hamburg, Germany
Managing Director / Publishing direction: Harald Hof
Print: Books on Demand GmbH, In de Tarpen 42, 22848 Norderstedt

ليكول

school

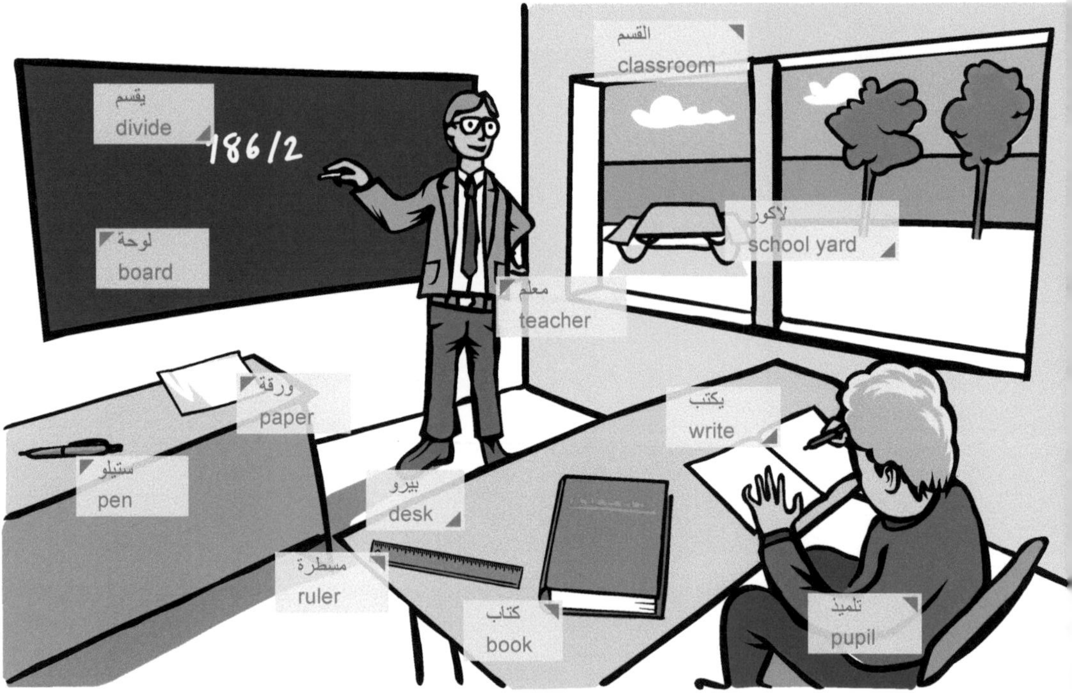

القسم
classroom
يقسم
divide
186/2
لوحة
board
لاكور
school yard
معلم
teacher
ورقة
paper
يكتب
write
ستيلو
pen
بيرو
desk
مسطرة
ruler
كتاب
book
تلميذ
pupil

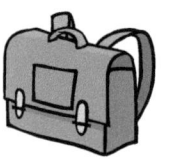

كرطاب

satchel

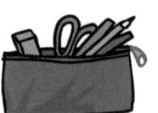

المقلمة

pencil case

قلم الرصاص

pencil

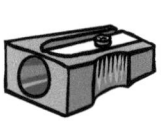

منجارة

pencil sharpener

ممحا

rubber

الكايي تاع الرسم

drawing pad

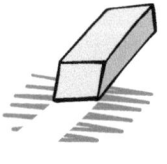

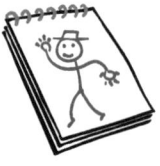

الرسم

drawing

البانسو

paintbrush

باتير

paint box

مقص

scissors

كولا

glue

كايي تاع التمارين

exercise book

الواجبات

homework

النيميرو

number

2+2

يجمع

add

5-2

يطرح

subtract

2×2

يضرب

multiply

يحسب

calculate

A

الحرف

letter

ABCDEFG HIJKLMN OPQRSTU VWXYZ

الحروف

alphabet

hello

كلمة

word

النص

text

يقرا

read

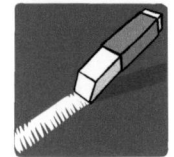

طباشير

chalk

الدرس

lesson

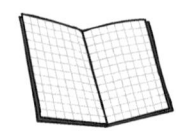

دفتر المدرسي

register

ليقزاما

exam

سرتفيكا

certificate

اللبة تاع ليكول

school uniform

التعليم

education

ليكسيك

encyclopedia

الجاميعة

university

المجهر

microscope

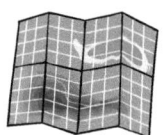

الخريطة

map

بوبال

waste-paper basket

فواياج

travel

Grand
اوتال
hotel
بيت الشباب
hostel
ROOMS
CHANGE
بيرة تاع الصرف
bureau de change
فاليزة
suitcase
لولو
car

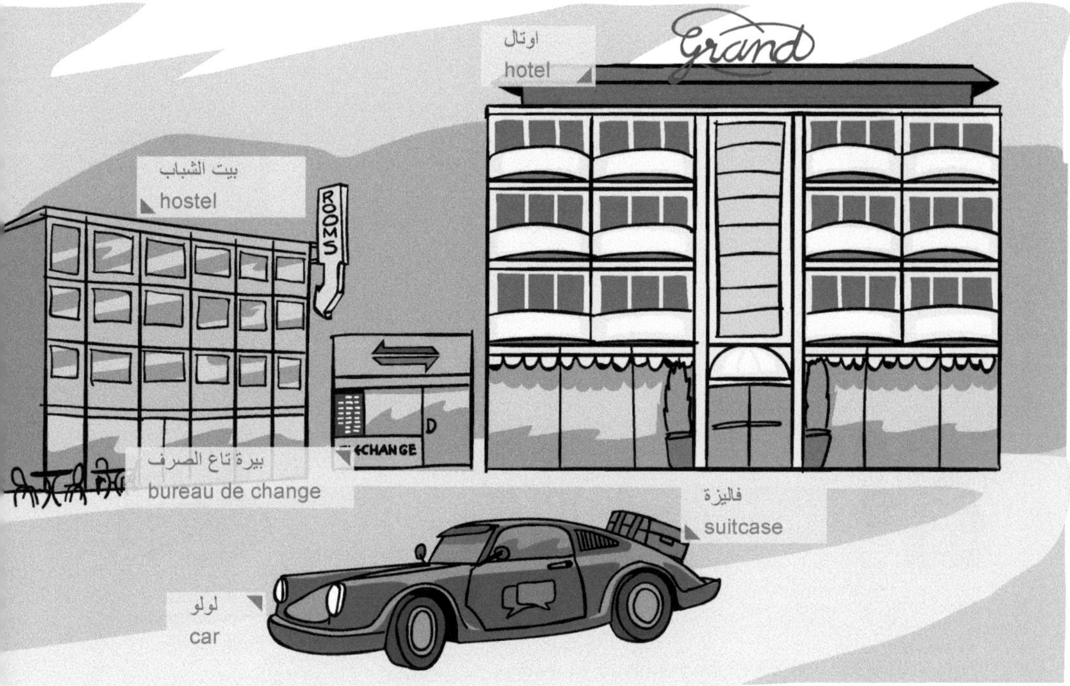

اللغة ليقصدها

language

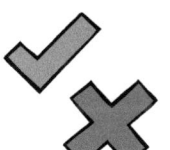

واه / لا

yes / no

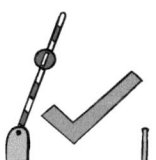

صحا

Okay

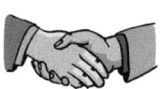

مرحبا

hello

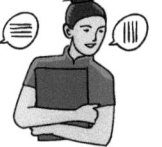

طرجمان

translator

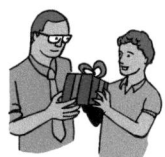

صحيت

Thank you

شعال السومة؟

how much is...?

مفهمتش

I do not understand

مشكيلة

problem

مسلخير

Good evening!

صباح لخير

Good morning!

تصبح بخير

Good night!

بسلامة

bye bye

ديركسيو

direction

الباقاج

luggage

ساك

bag

ساكادو

backpack

ضيف

guest

شمبرا

room

ساك تاع رقاد

sleeping bag

خيمة

tent

استعلامات سياحية

tourist information

بحر

beach

كارطة ناع الكريدي

credit card

فطور الصباح

breakfast

الفطور

lunch

العشا

dinner

البيي

ticket

اسونسير

lift

تامبر

stamp

الحدود

border

الديوانة

customs

سقارة

embassy

فيزا

visa

باسبور

passport

نقل
transport

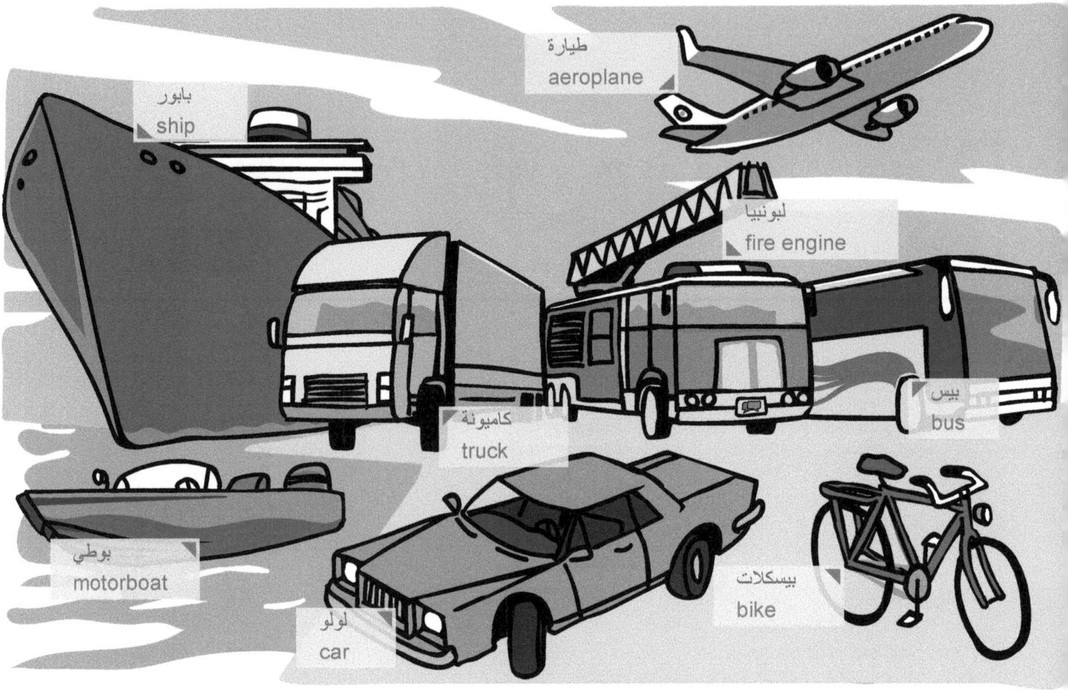

طيارة
aeroplane
بابور
ship
لبونبيا
fire engine
كاميونة
truck
بيس
bus
بوطي
motorboat
لولو
car
بيسكلات
bike

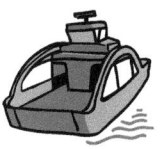

بابو

....

ferry

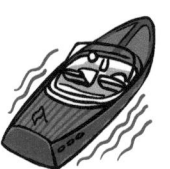

بوطي

....

boat

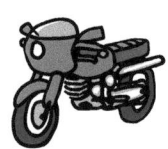

موطو

....

motorbike

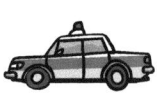

لوطو تاع لابوليس

....

police car

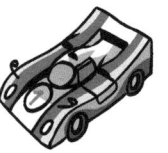

لوطو تاع السيباق

....

racing car

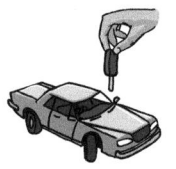

لوطو تاع كرية

....

rental car

لواطا تاع كرية

car sharing

رومورك

breakdown truck

كاميو تاع الزبل

refuse truck

موتور

motor

ليسونس

fuel

ستاسيون

petrol station

بانو

traffic sign

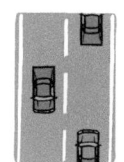

ترافيك

traffic

سركالة

traffic jam

باركينغ

car park

لاقار

train station

السبيكة

tracks

قطار

train

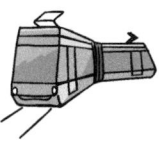

ترام

tram

فاغون

carriage

الهيكبتار

helicopter

مطار

airport

تور

tower

مسافر

passenger

كونتنار

container

كرطونة

carton

شاريو

cart

سلة

basket

يقلع / يهود

take off / land

مان

city

قرية

village

البلاد

city centre

دار

house

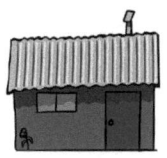

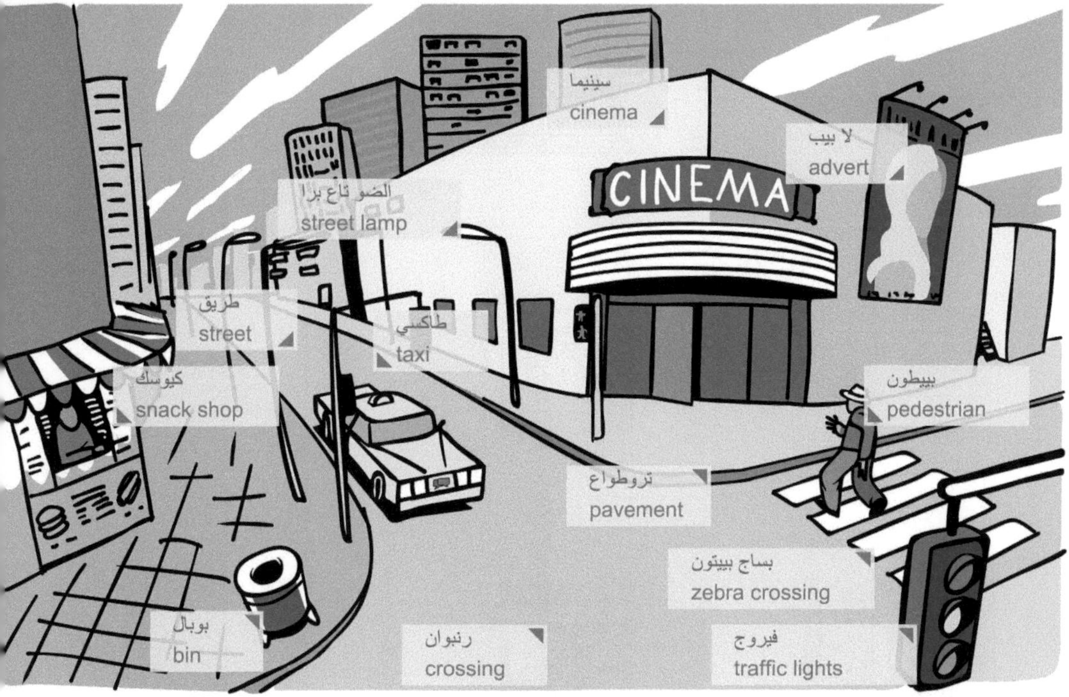
سينيما
cinema
لا بيب
advert
الضو تاع برا
street lamp
طريق
street
طاكسي
taxi
كيوسك
snack shop
بييطون
pedestrian
تروطواع
pavement
بساج بييتون
zebra crossing
بوبال
bin
رنبوان
crossing
فيروج
traffic lights

كوخ

hut

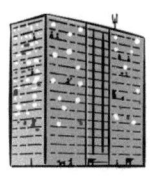

برطمان

flat

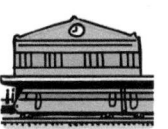

لاقار

train station

لاميري

town hall

MUSEUM

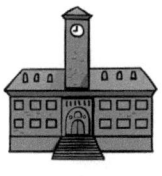

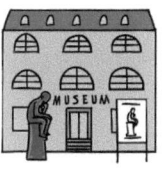

متحف

museum

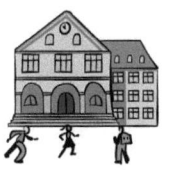

ليكول

school

الجاميعة

university

بانكة

bank

سبيطار

hospital

اوتال

hotel

فارماسي

pharmacy

بيرو

office

مكتبة

book shop

حانوت

shop

فلوريست

florist's

سوبرات

supermarket

مرشي

market

حانوت كبير

department store

مسمكة

fishmonger's

سونتر كومرسيال

shopping centre

المينا

harbour

بارك
park

بنك
bench

جسر
bridge

درج
stairs

ميترو
underground

تونال
tunnel

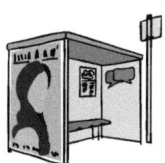

لاري تاع البيس
bus stop

بار
bar

مطعم
restaurant

صندوق البريد
postbox

البانوات
street sign

مقياس زمن الوقوف
parking meter

حديقة حيوانات
zoo

بيسين
swimming pool

جامع
mosque

فيرما
....
farm

التلوث
....
pollution

مقبرة
....
graveyard

قليزية
....
church

بارك
....
playground

معبد
....
temple

الريف

landscape

ورقة
leaf

بانو
signpost

طريق
way

مرج
meadow

حجرة
stone

شجرة
tree

رحالة
hiker

نهر
river

حشيش
grass

زهرة
flower

واد

valley

جبل

hill

بحيرة

lake

غابة

forest

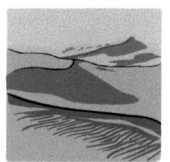

صحرا

desert

بركان

volcano

شاطو

castle

قوس قزح

rainbow

فطر

mushroom

نخلة

palm tree

ناموسة

mosquito

ذبابة

fly

نملة

ant

نحلة

bee

رتيلة

spider

خنفوس

beetle

جرانة

frog

سنجاب

squirrel

قنفود

hedgehog

قنينة

hare

بومة

owl

زاوش

bird

بجعة

swan

حلوف

boar

عزالة

deer

إلكة

moose

سد

dam

الطاحونة

wind turbine

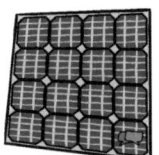

خلية شمسية

solar panel

كليما

climate

مطعم
restaurant

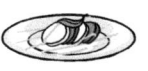

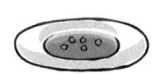

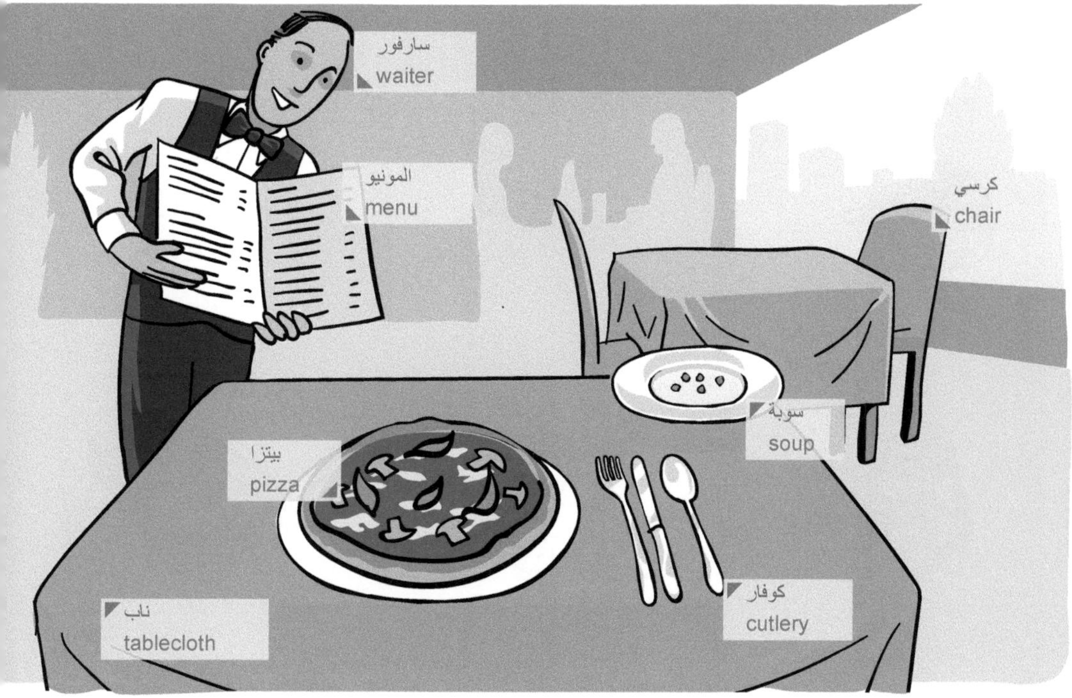
سارفور
waiter
المونيو
menu
كرسي
chair
سوبة
soup
بيتزا
pizza
ناب
tablecloth
كوفار
cutlery

اوردوفر
....
starter

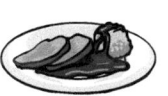

الطبق الرئيسي
....
main course

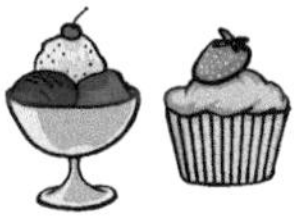

ديسار
....
dessert

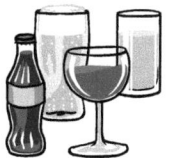

مشروبات
....
drinks

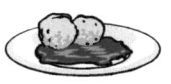

ماكلة
....
food

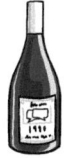

القرعة
....
bottle

فاست فود

fast food

ماكلة نديه معابا

street food

براد اتاي

teapot

سكرية

sugar bowl

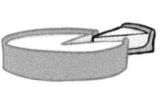

طرف

portion

ماشينة تاع اكسبريسو

espresso machine

كرسي عالي

high chair

فاتورة

bill

سني

tray

خدمي

knife

فرشيطة

fork

مغيرفة

spoon

مغيرفة تاع لاتاي

teaspoon

سربيتة تاع الطابلة

serviette

كاس

glass

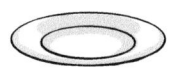

طبسي

plate

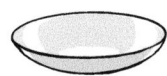

بول

soup plate

طبسي تاع الفنجال

saucer

لاصوص

sauce

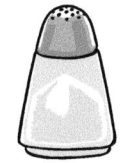

القوطي تاع الملح

salt pot

طحان تاع الحرور

pepper mill

خل

vinegar

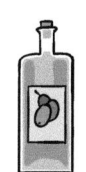

زيت

oil

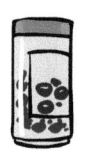 

ليزيبيس

spices

كتشوب

ketchup

موطارد

mustard

مايونيز

mayonnaise

سوبرات

supermarket

بروموسيو
special offer
FOR
كلويون
customer
مشتفات الحليب
dairy
فاكية
fruit
شاريو
trolley

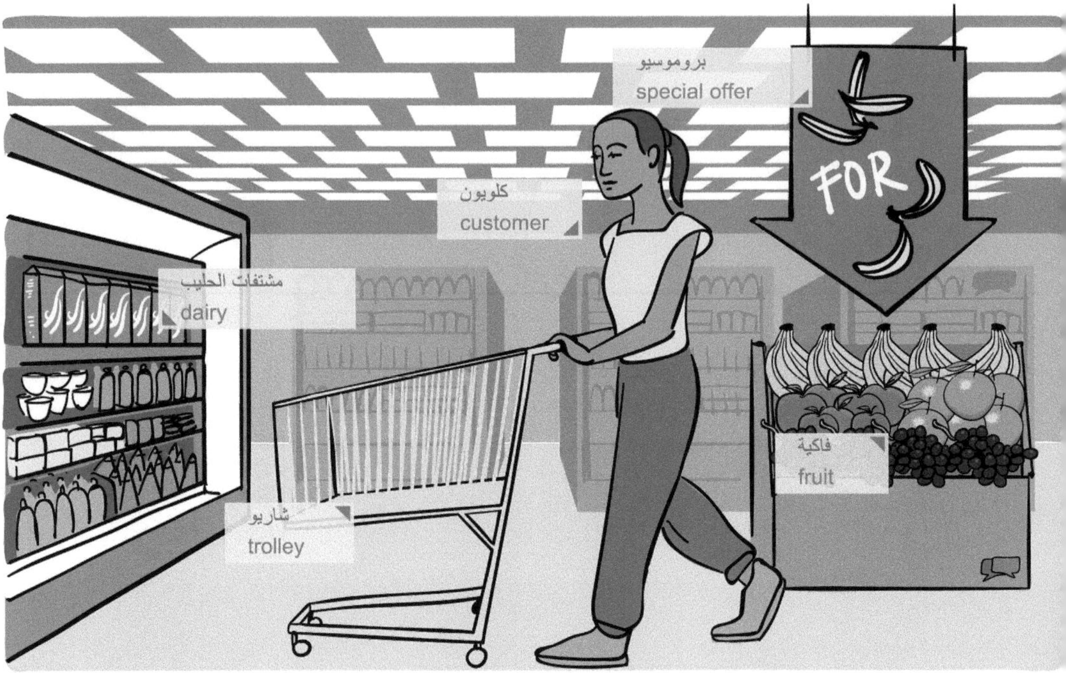

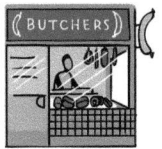

BUTCHERS

بوشي

butcher´s

BAKERY

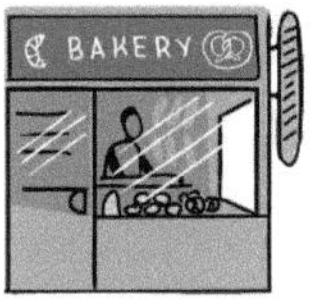

بولونجي

baker´s

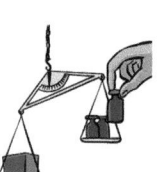

يوزن

weigh

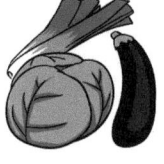

خضار

vegetables

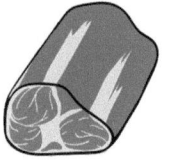

لحم

meat

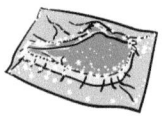

سيرجولي

frozen food

كاشير

cold meat

كونسارف

tinned food

بيصغل عات وموالا

washing powder

الحلويات

sweets

صوالح الدار

household products

ديتارجو

cleaning products

فوندوز / خدامة فالحانوت

salesperson

لاكاس

till

كاسسي

cashier

ليستا تاع الشري

shopping list

سوايع الخدمة

opening hours

تَزداتم

wallet

كارطة ناع الكريدي

credit card

ساك

bag

بورسة

plastic bag

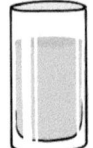

الما

water

جو

juice

حليب

milk

كوكا

coke

الشراب

wine

البيرة

beer

شراب

alcohol

كاكاو

cocoa

لاتاي

tea

قهوة

coffee

اكسبريسو

espresso

كابوتشينو

cappuccino

بانانة

banana

تفاح

apple

تثينا

orange

بطيخ

melon

ليم

lemon

كروطة / زرودية

carrot

ثوم

garlic

بانبو

bamboo

بصل

onion

شانبينيو

mushroom

بندق

nuts

ليبات

noodles

سباقيتي

spaghetti

روز

rice

سلاطة

salad

ليفريت

chips

ليفريت

fried potatoes

بيتّزا

pizza

هانبورقر

hamburger

سندويش

sandwich

اسكالوب

cutlet

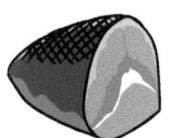

لحم الحلوف

ham

سامي

salami

مرقاز

sausage

جاجة

chicken

لحم مشوي

roast

حوت

fish

شوفان

porridge oats

موسلي

muesli

كورن فلكس

cornflakes

فرينة

flour

كرواسون

croissant

خبيزة

bread roll

الخبز / كسرة

bread

خبز محمر

toast

بيسكوي

biscuits

زبدة

butter

لبن

curd

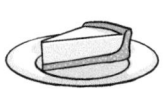

قاطو

cake

بيض

egg

بيض مقلي

fried egg

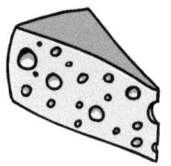

فرماج

cheese

لاكرام

ice cream

سكر

sugar

عسل

honey

كونفتير

jam

نوقا

chocolate spread

الكاري

curry

فيرما

farm

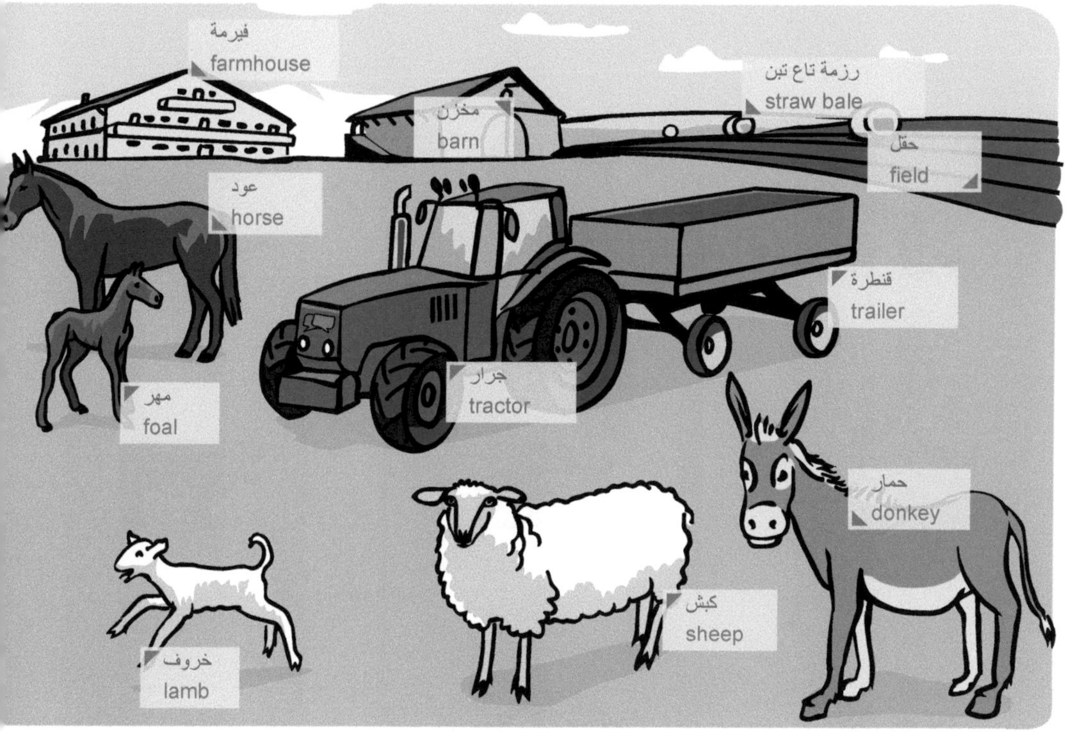

فيرمة
farmhouse
مخزن
barn
رزمة تاع تبن
straw bale
حقل
field
عود
horse
قنطرة
trailer
مهر
foal
جرار
tractor
حمار
donkey
كبش
sheep
خروف
lamb

معزة

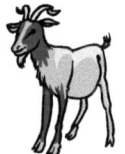

goat

بقرة

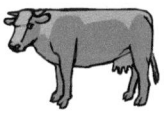

cow

عجل

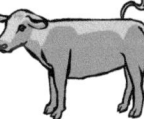

calf

حلوف

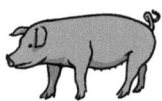

pig

حلوف صغير

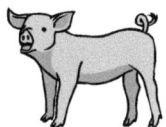

piglet

طورو

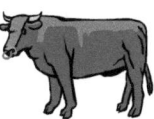

bull

وزة

goose

بطة

duck

فلوس

chick

جاجة

hen

سردوك

cock

طوبا

rat

قطة

cat

فأر

mouse

ثور

ox

كلب

dog

دار الكلب

doghouse

تبيو

garden hose

إبريق

watering can

منجل

scythe

محراث

plough

منجل

sickle

الفاس

hoe

مذراة الزبل

pitchfork

شاقور

axe

برويطة

wheelbarrow

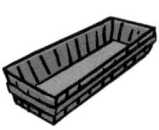

معلف

trough

قابة تاع حليب

milk can

ساشيا

sack

سياج

fence

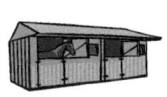

صطبل

stable

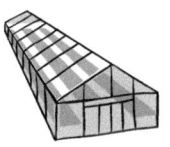

بوطاجي

greenhouse

تراب

soil

بذور

seed

سماد

fertilizer

حصادة

combine harvester

يحصد

harvest

الغلة

harvest

بطاط

yams

قمح

wheat

صويا

soy

بطاطا

potato

مابيس

corn

سلجم

rapeseed

شجرة تاع فاكية

fruit tree

منيهوت

cassava

الخبوب

cereals

دار

house

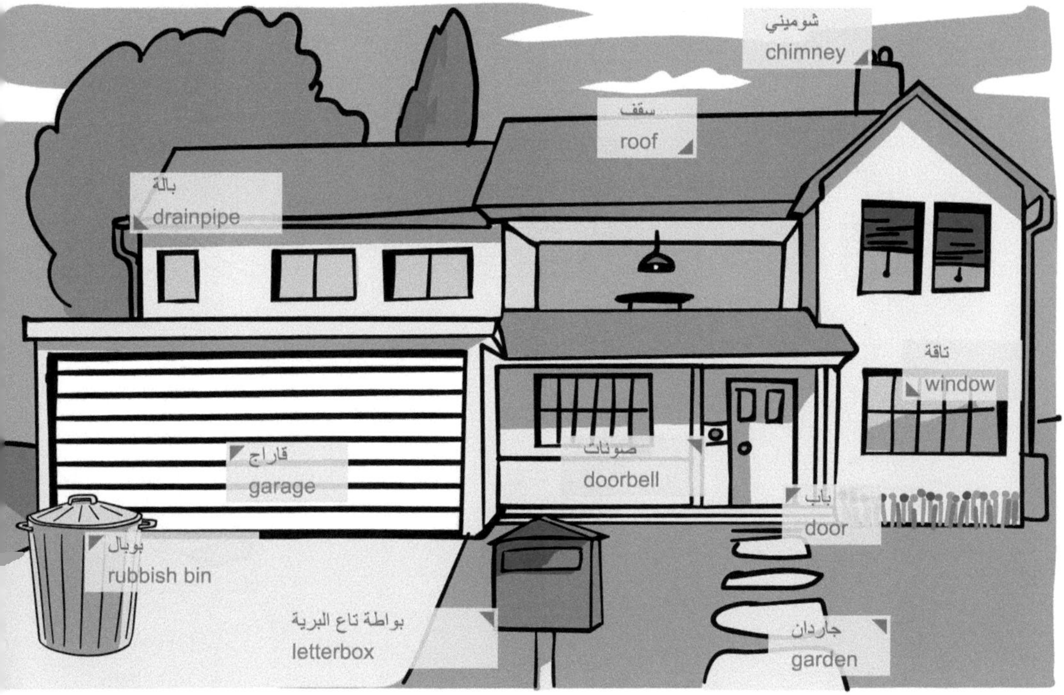

شوميني
chimney
سقف
roof
بالة
drainpipe
تاقة
window
قاراج
garage
صونات
doorbell
باب
door
بوبال
rubbish bin
بواطة تاع البرية
letterbox
جاردان
garden

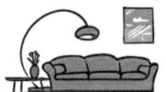

صالون

living room

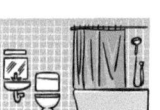

الحمام

bathroom

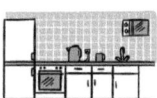

كوزينا

kitchen

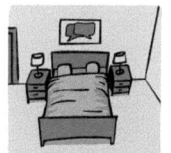

شامبرا تاع رقاد

bedroom

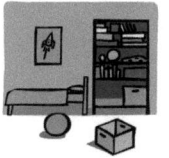

شمبرا تاع ذراري

child's room

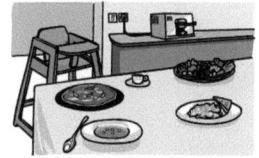

صالة مونجي

dining room

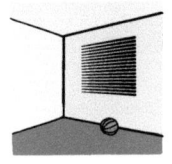

لرض

floor

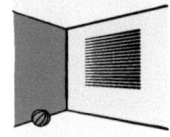

حيط

wall

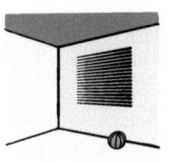

بلافو

ceiling

كافا

cellar

سونا

sauna

بالكون

balcony

تيراسة

terrace

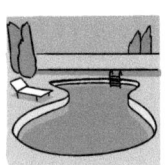

بيسين

pool

جزارة تاع حشيش

lawn mower

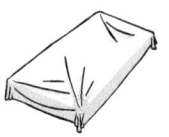

ااووس

sheet

كووات

bedspread

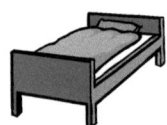

ناموسية

bed

مصلحة

broom

بيدو تاع صليح

bucket

انتغبتور

switch

صالون
living room

ورق تاع حيطان
wallpaper
تصويرة
picture
لامبا
lamp
ايتجار
shelf
بلاكار
cupboard
تيبفزيون
television
شوميني
fireplace
زهرة
flower
مخدة
cushion
صافا
sofa
فاز
vase
تيليكومند
remote control

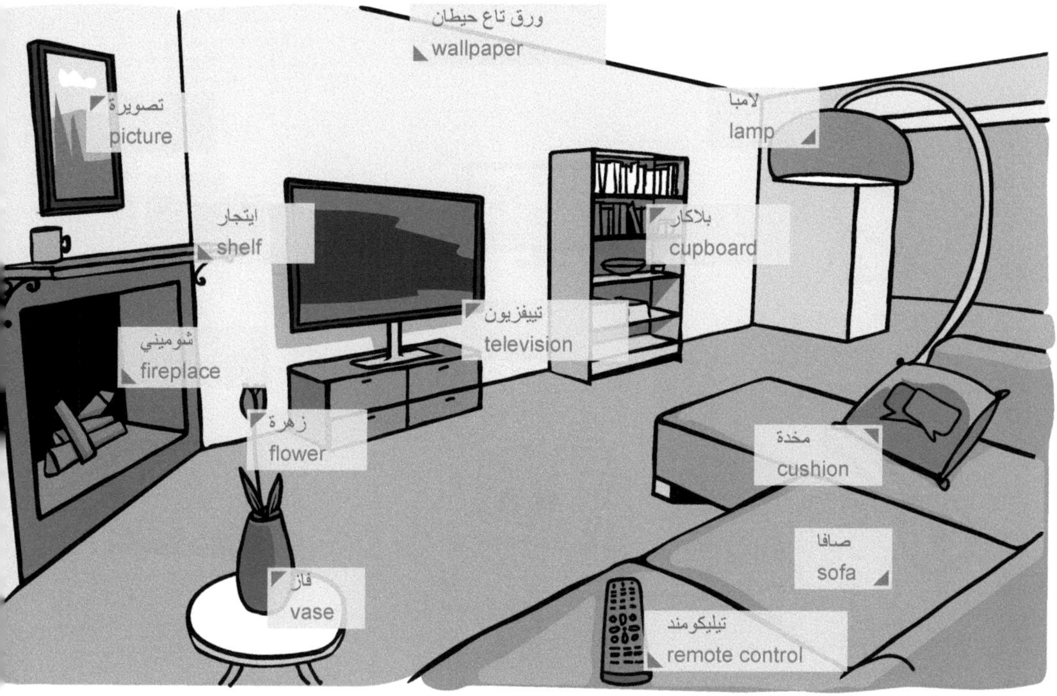

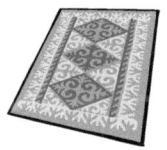

طابي

carpet

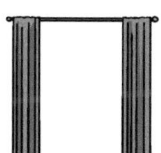

ريدو

curtain

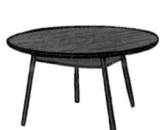

طابلة

table

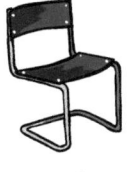

كرسي

chair

كرسي يبوجي

rocking chair

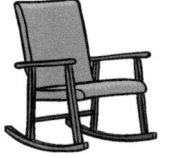

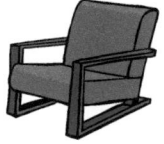

فوتاي

armchair

كتاب

book

طوفيرطة

blanket

زواق

decoration

الحطب

firewood

فيلم

film

الستيريو

hi-fi equipment

مفتاح

key

جرنان

newspaper

كادر

painting

بوستار

poster

راديو

radio

كناش

notepad

اسبيراتور

hoover

صبار

cactus

شمعة

candle

كوزينا
kitchen

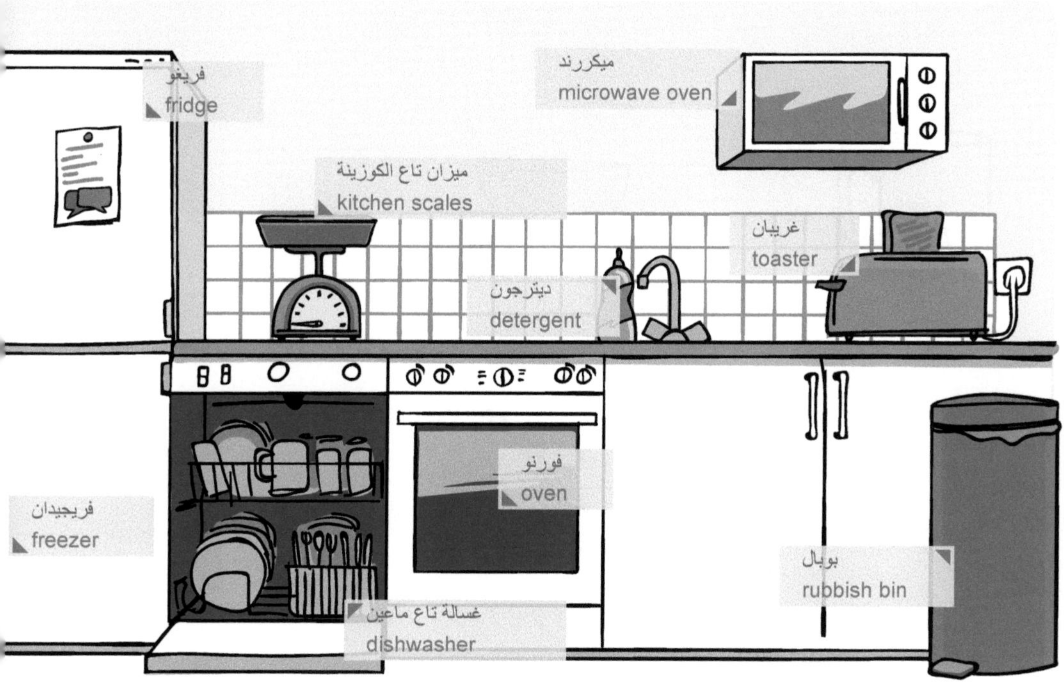

فريغو
fridge
ميكررند
microwave oven
ميزان تاع الكوزينة
kitchen scales
غريبان
toaster
ديترجون
detergent
فورنو
oven
فريجيدان
freezer
بوبال
rubbish bin
غسالة تاع ماعين
dishwasher

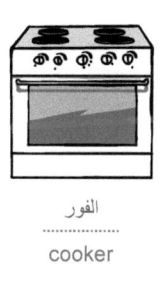

الفور

cooker

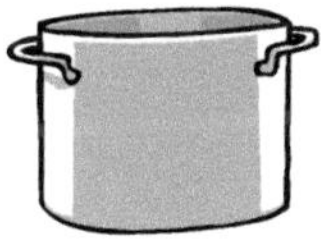

قدرة

pot

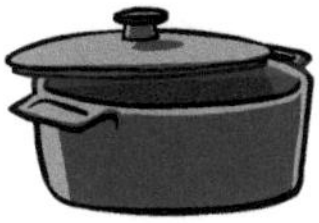

مرميطا

cast-iron pot

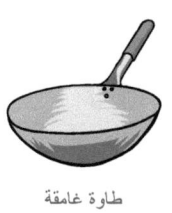

طاوة غامقة

wok / kadai

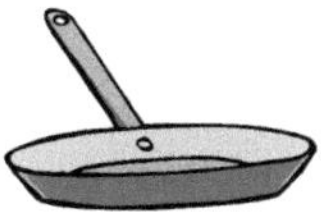

مقلة

pan

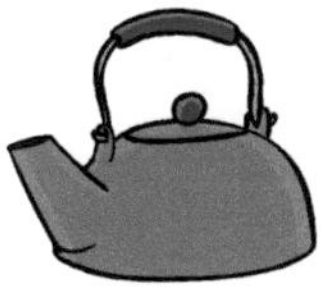

غلاية

kettle

قدرة

steamer

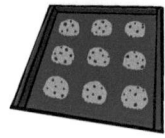

سني

baking tray

ماعين

crockery

قوبلي

mug

طبسي

bowl

مطارق تاع الماكلة

chopsticks

لوشة

ladle

سباتولة

spatula

الضرابة

whisk

كسكاس

strainer

صفاية

sieve

راب

grater

مهراز

mortar

شواية

barbecue

موقد

open fire

بلونشا

chopping board

رولو

rolling pin

الحلال

corkscrew

قابسة

can

الحلال

can opener

كتان

pot holder

لافابو

sink

بروسة

brush

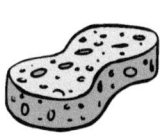

بونجة

sponge

الخلاط

blender

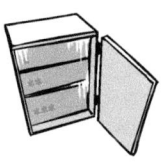

فريغو

deep freezer

بيبرونة

baby bottle

سبالة

tap

الحمام

bathroom

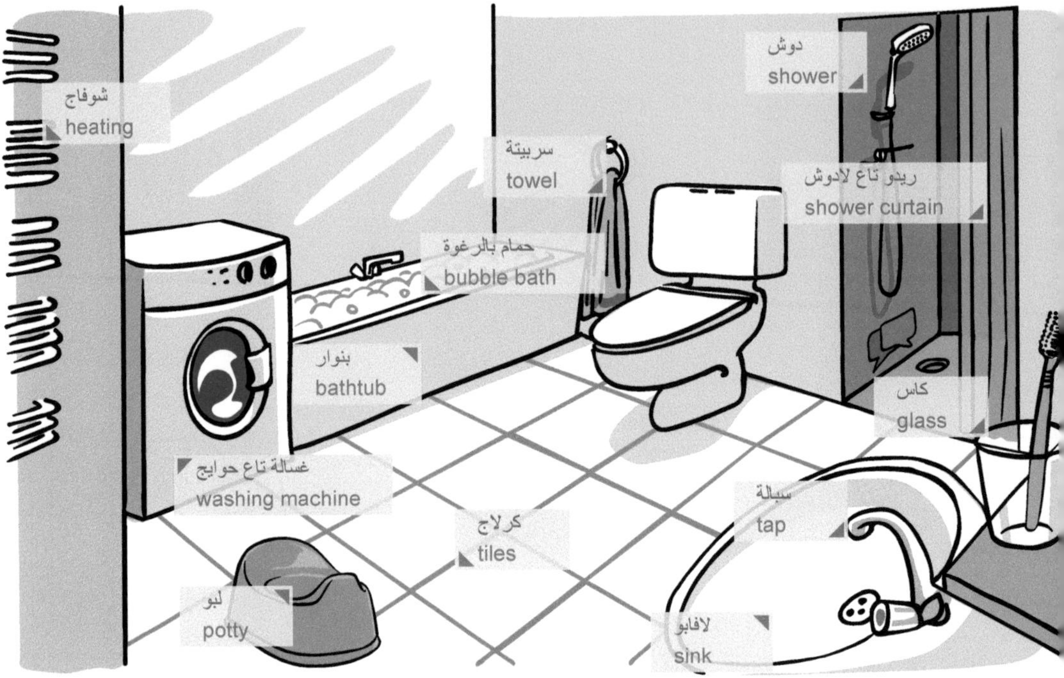

دوش
shower
شوفاج
heating
سربيتة
towel
ريدو تاع لادوش
shower curtain
حمام بالرغوة
bubble bath
بنوار
bathtub
كاس
glass
غسالة تاع حوايج
washing machine
سبالة
tap
كرلاج
tiles
لبو
potty
لافابو
sink

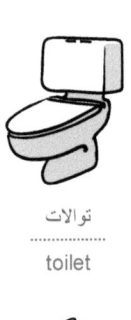

توالات
....
toilet

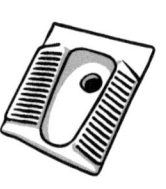

توالات تركي
....
squat toilet

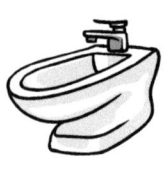

غسال الرجلين
....
bidet

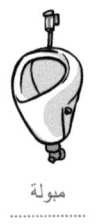

مبولة
....
urinal

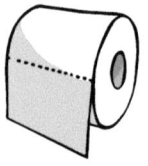

ورق تاع توالات
....
toilet paper

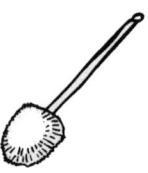

بروسة تاع توالات
....
toilet brush

بروسدون

toothbrush

دونتفريس

toothpaste

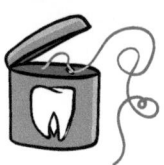

خيط السنان

dental floss

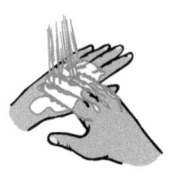

يغسل

wash

دوشات تاع دوش

handheld shower

دوشات

douche

لافابو

basin

بروسا تاع الظهر

back brush

صابون

soap

جال دوش

shower gel

شنبوان

shampoo

الحبل

flannel

قادوس

drain

بومادة

cream

ديودورون

deodorant

مراية

mirror

مراة صغيرة

hand mirror

رازوار

razor

لاموس

shaving foam

كولون

aftershave

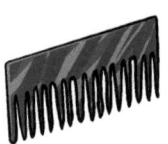

مشطة

comb

بروسة

brush

سشوار

hair dryer

مثبت الشعر

hairspray

مكياج

makeup

روجالافر

lipstick

فرني

nail varnish

قطن

cotton wool

كوبنغل

nail scissors

ريحة

perfume

تروسة تاع حمام

washbag

طابوري

stool

ميزان

weighing scale

بينوار

bathrobe

ليغونات تاع النيتوياج

rubber gloves

تمبون

tampon

ليبوند

sanitary towel

توالات

chemical toilet

شمبرا تاع ذراري

child's room

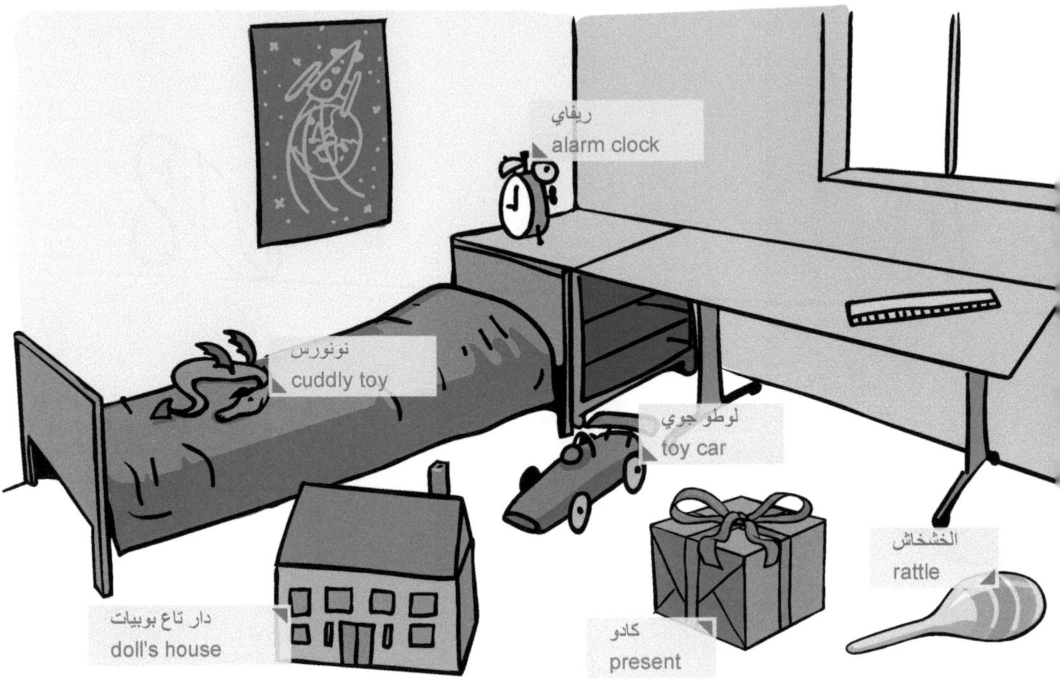
ريفاي
alarm clock
نونورس
cuddly toy
لوطو جوي
toy car
الخشخاش
rattle
دار تاع بوبيات
doll's house
كادو
present

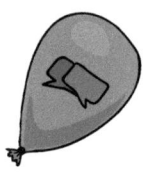

بالونة / نسافة

balloon

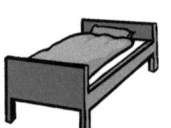

ناموسية

bed

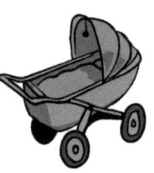

بوسات

pram

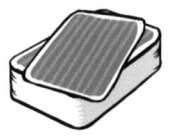

الكارطة

deck of cards

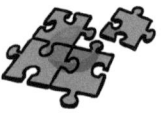

البوزيل

jigsaw

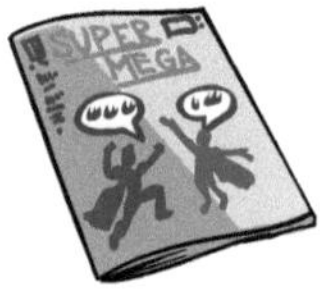

بوند ديسيني

comic

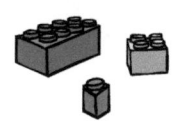

الليغو

lego bricks

حجر يبينوه

building blocks

بوبية

action figure

لبسة تاع البيبي

babygrow

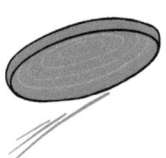

فريزي

frisbee

اللهاية

mobile

لعبة الطابلة

board game

الدي

dice

التران

model train set

سوسات

dummy

حفلة / الفيشطة

party

كتاب بتصاوير

picture book

بالون

ball

بوبية

doll

يلعب

play

بارك بالرملة

sandpit

بنصوار

swing

جوي

toys

منيطا

video game console

بيسكلات

tricycle

دبدوب

teddy bear

ماريو

wardrobe

حوايج

clothing

تقاشر

socks

ليبا

stockings

كولو

tights

شال
scarf

بريلوي
umbrella

تريكو
t-shirt

حزام
belt

بوط
boots

بنتوفلا
slippers

تينيسا / سبردينا
trainers

صندالة
....
sandals

صباط
....
shoes

بوط بلاستيك
....
rubber boots

كالسون
....
underpants

سوتيان
....
bra

حويج تاع داخل
....
vest

لاسق على الجسم

body

سروال

trousers

جين

jeans

جيبا

skirt

طابلية

blouse

قمجة

shirt

تريكو

pullover

قارديقون

hoodie

بلازار

blazer

فيستا

jacket

بالطو

coat

بالطو

raincoat

كوستيم

costume

روبا

dress

روب بلونش

wedding dress

clothing - حوايج

كوستيم

suit

شوميز دونوي

nightgown

بيجاما

pyjamas

ساري

sari

حجاب

headscarf

عمامة

turban

برقع

burqa

قفطان

kaftan

عباية

abaya

مايو

swimsuit

عوم تاع سروال

trunks

شورت

shorts

روبس تاع لبسة

tracksuit

طابلية

apron

ليقونات

gloves

قفلة

button

نواظر

glasses

براسلي

bracelet

سنسلة

necklace

خاتم

ring

منقوش

earring

بوني

cap

سانتر

coat hanger

شابو

hat

قرافاطة

tie

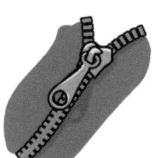

غيمة

zip

كاسك

helmet

بروتال

braces

اللبة تاع ليكول

school uniform

لينيفورم

uniform

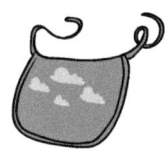

رياقة

bib

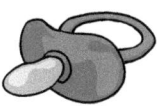

سوسات

dummy

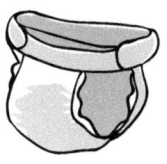

ليكوش

nappy

بيرو

office

سارفر
server
خزانة تاع الملفات
filing cabinet
امبريمانت
printer
ورقة
paper
ليكرون
monitor
لاسوري
mouse
بيرو
desk
كلاسور
folder
كلافيي
keyboard
بوبال
waste-paper basket
كرسي
chair
اوردیناتور
computer

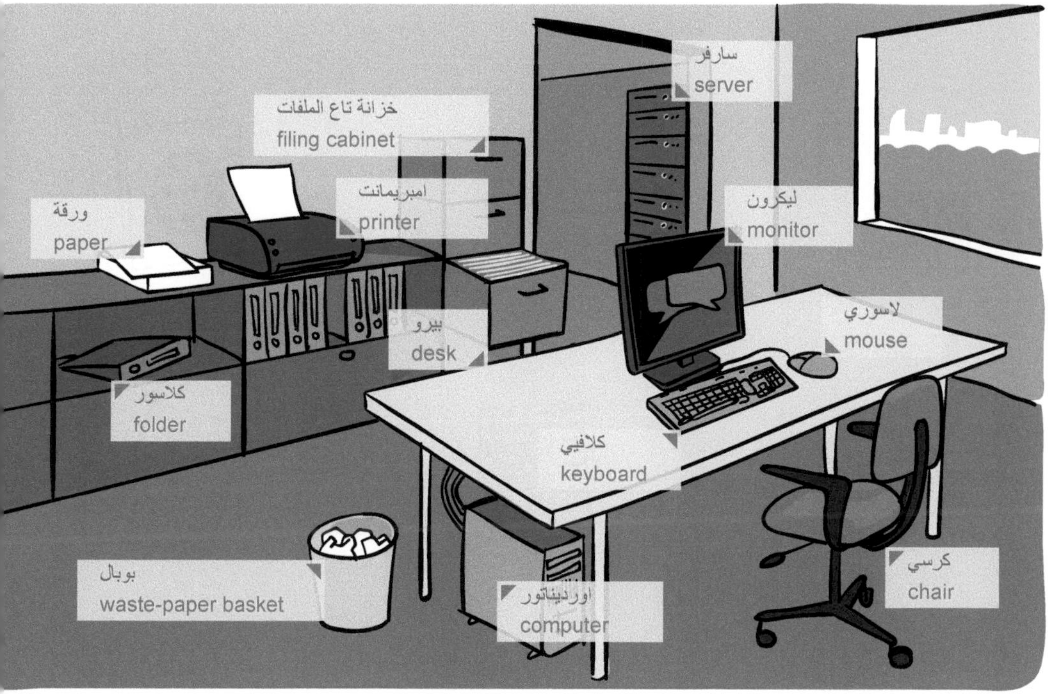

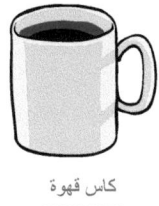

كاس قهوة

coffee mug

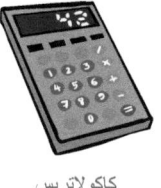

كاكولاتريس

calculator

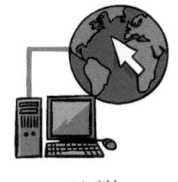

لانترنت

internet

اورديناتور

laptop

برية

letter

ميساج

message

بورطابل

mobile

ريزو

network

فوطوكوبي

photocopier

لوجسيال

software

تيلفون

telephone

بريزة

plug socket

فاكس

fax machine

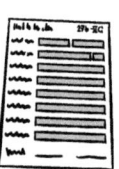

استمارة

form

وثيقة

document

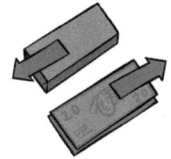

يشري

buy

يخلص

pay

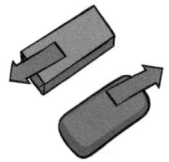

يتاجر

trade

دراهم

money

دولار

dollar

اورو

euro

ين

yen

روبل

rouble

فرنك سويسري

Swiss franc

يوان

renminbi yuan

روبية

rupee

ديستريبيتور

cashpoint

بيرة تاع الصرف

bureau de change

ذهب

gold

فضة

silver

نفط

oil

طاقة

energy

السومة

price

عقد

contract

طاكس

tax

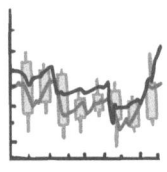

سهم

stock

يخدم

work

خدام

employee

مول الشي

employer

وزين

factory

حانوت

shop

الخدمة
occupations

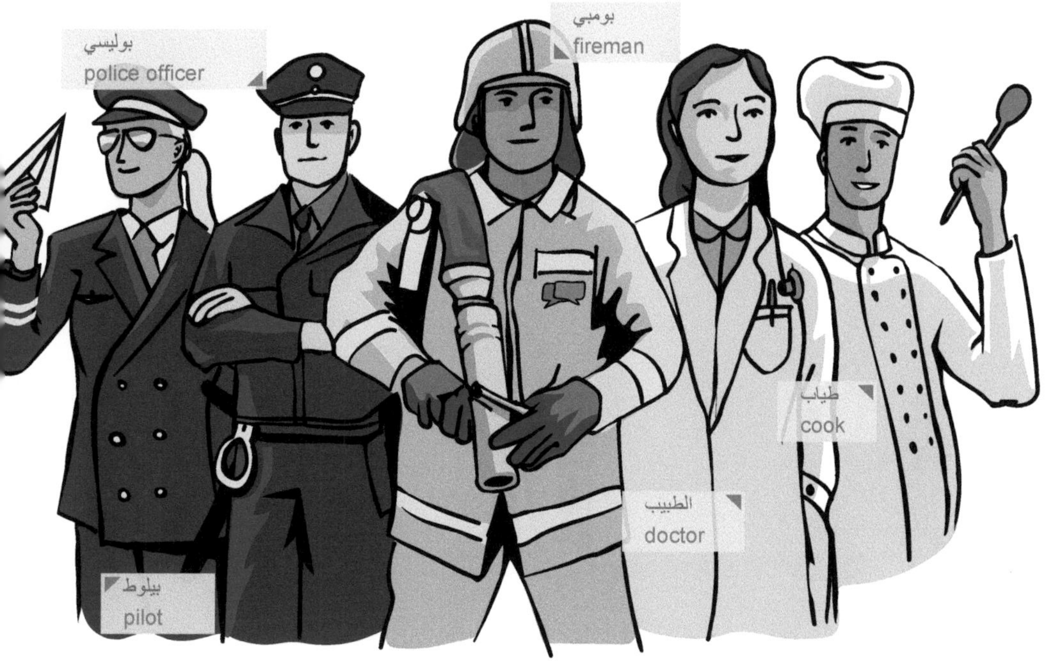
بوليسي
police officer
بومبي
fireman
طياب
cook
الطبيب
doctor
بيلوط
pilot

جرديني
gardener

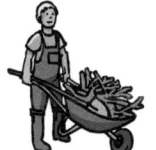

نجار
carpenter

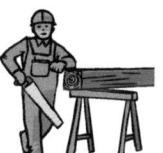

خياط
seamstress

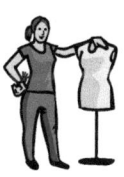

قاضي
judge

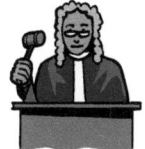

شيميك
chemist

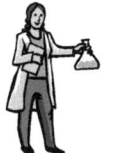

ممثل
actor

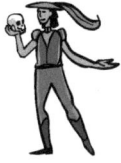

شوفير

bus driver

طاكسيور

taxi driver

صياد

fisherman

خدامة

cleaning lady

ماصو تاع الصقف

roofer

سارفور

waiter

صياد

hunter

بنتار

painter

خباز

baker

الكتريسيان

electrician

ماصون

builder

مهندس

engineer

بوشي

butcher

بلومبي

plumber

فاكتور

postman

جندي

soldier

ارشيتكت

architect

كاسسي

cashier

بياع اورد

florist

كوافير

hairdresser

الكنترول

conductor

ميكانيسيان

mechanic

كابيتان

captain

طبيب سنان

dentist

عالم

scientist

حاخام

rabbi

امام

imam

موان

monk

موان

clergyman

ليزوتي
tools

مارطو
hammer
كلاب
pliers
تورنفيس
screwdriver
مفتاح
spanner
تورشا
torch

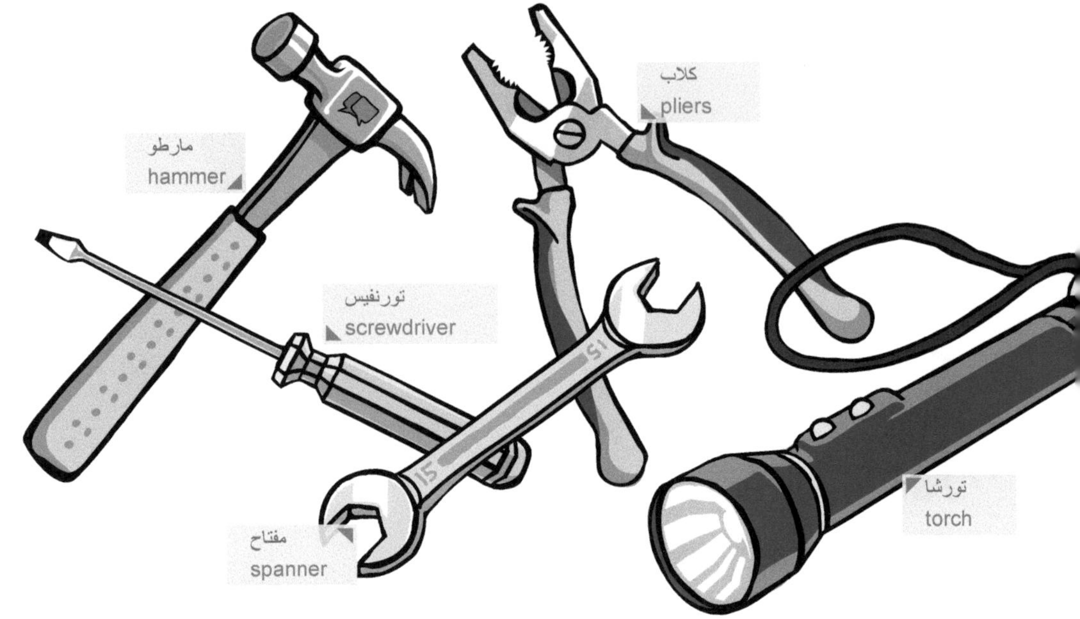

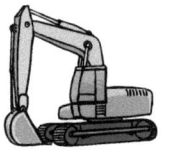

جرافة
digger

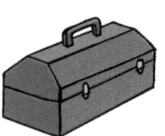

قايصة نتاع ليزوتي
toolbox

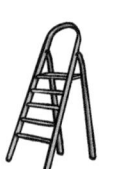

سلوم
ladder

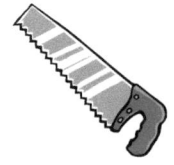

منشار
saw

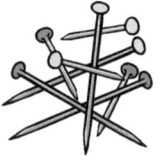

مسامير
nails

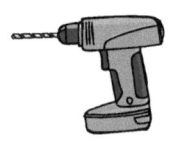

برسوز
drill

يصنع

repair

البالة

shovel

ياويلي

Damn!

بالا

dustpan

بو تاع بنتورة

paint pot

ليفيس

screws

آلات موسيقية
musical instruments

مكبر الصوت
loudspeaker

آلات الإيقاع
drum kit

غيتارة
guitar

كمان أجهر
double bass

بوق
trumpet

بيانو

piano

كمنجة

violin

جهير

bass

طبل كبير

timpani

طبل

drums

بيانو كهربائي

keyboard

ساكسوفون

saxophone

ناي

flute

ميكروفون

microphone

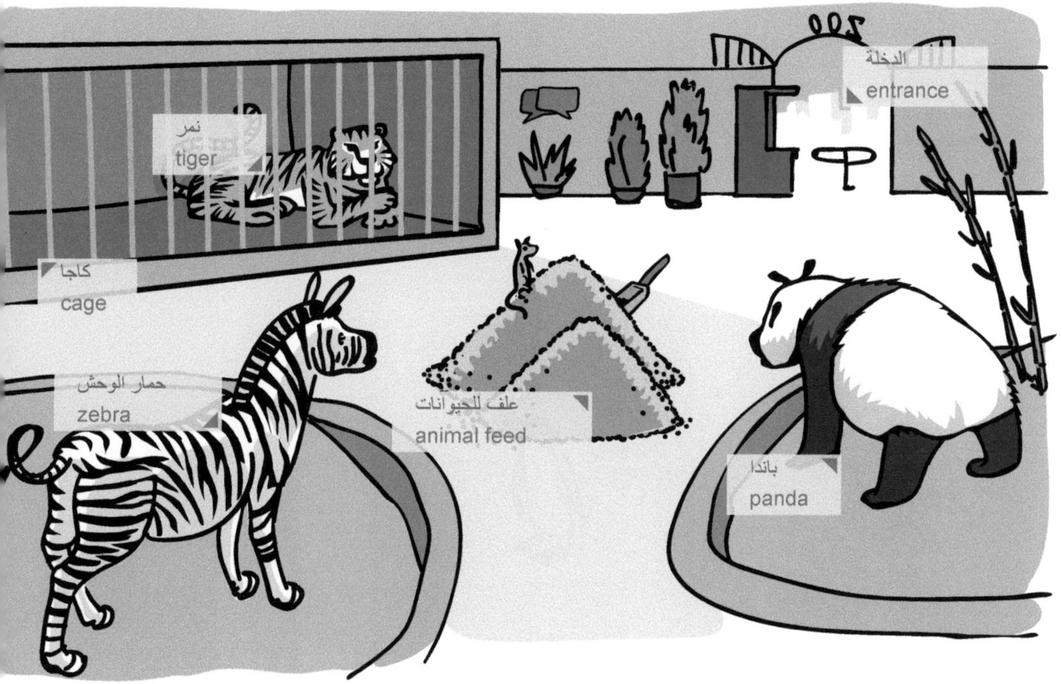

نمر
tiger

الدخلة
▶ entrance

كاجا
cage

حمار الوحش
zebra

علف للحيوانات
animal feed

باندا
panda

حيوانات
....
animals

فيل
....
elephant

كنغر
....
kangaroo

وحيد القرن
....
rhino

غوريلا
....
gorilla

دب
....
bear

جمل

camel

نعامة

ostrich

سبع

lion

تشيطا

monkey

فلامونغوز

flamingo

بيروكي

parrot

دب قطبي

polar bear

بطريق

penguin

سمك القرش

shark

طاووس

peacock

لفعة

snake

تمساح

crocodile

عساس في حديقة الحيوان

zookeeper

عجل البحر

seal

نمر أمريكي مرقط

jaguar

فرس قزم

pony

نمر

leopard

فرس النهر

hippo

زرافة

giraffe

نسر

eagle

حلوف

boar

حوت

fish

فكرون

turtle

حيوان فظ البحري

walrus

ثعلب

fox

غزال

gazelle

بالون اميركا
American football

الركبة تاع البيسكلت
cycling

تِنيس
tennis

باسكات
basketball

العوم
swimming

بوكس
boxing

هوكي
ice hockey

بالون
....
football

الريشة الطائرة
....
badminton

اتلاتيزم
....
athletics

الهوند
....
handball

سكي
....
skiing

بولو
....
polo

activities

ينقز
jump
يغني
sing
يعنق
hug
يضحك
laugh
يمشي
walk
ينوم
dream
يصلي
pray
يبوس
kiss

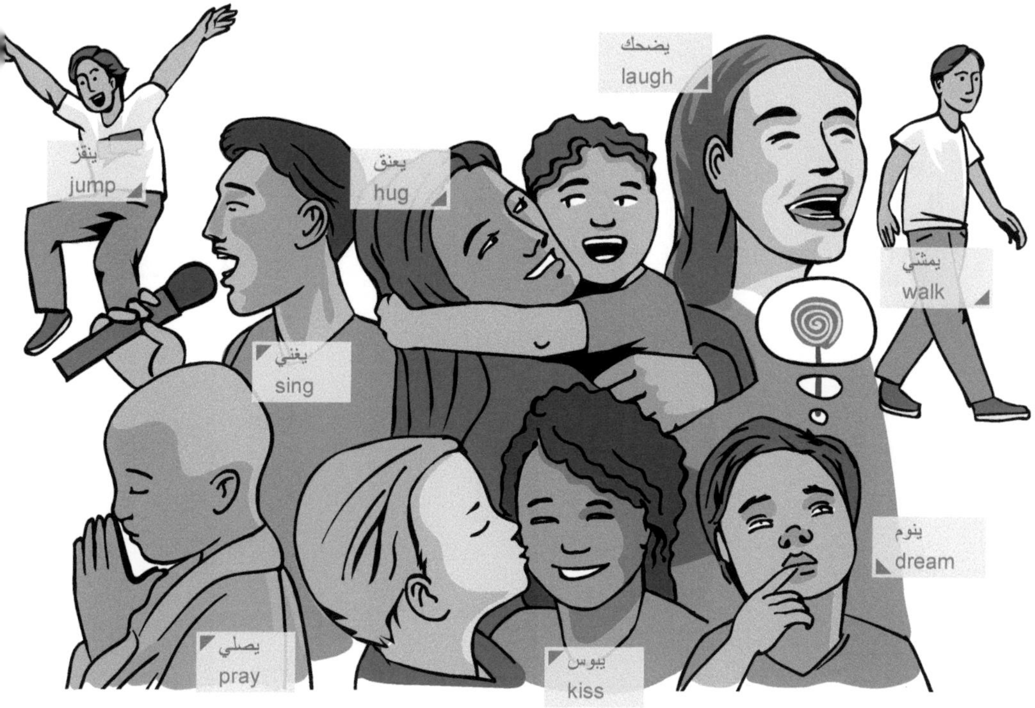

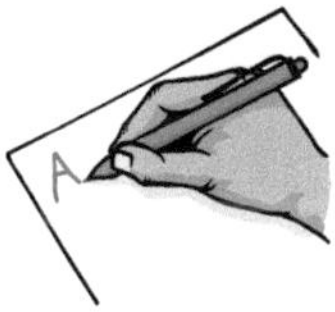

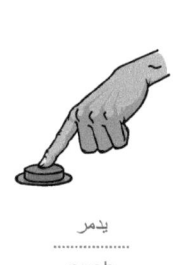

يكتب

....

write

يرسم

....

draw

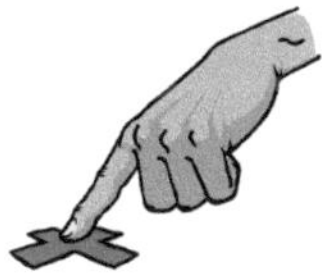

يوري

....

show

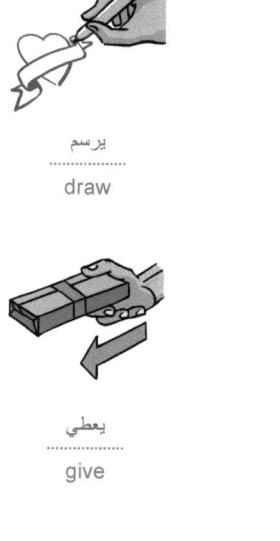

يدمر

....

push

يعطي

....

give

يدي

....

take

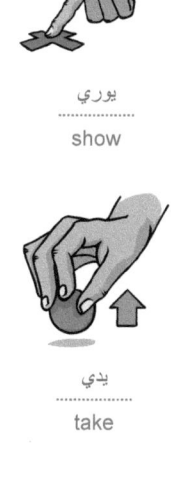

يملك

have

يخدم

do

كاين

be

يوقف

stand

يجري

run

يجبد

pull

يقيس / يرمي

throw

يطيح

fall

يتكسل

lie

يثشوف

wait

يرفد

carry

يقعد

sit

يلبس

get dressed

يرقد

sleep

ينوظ

wake up

يشوف في
....
look at

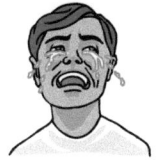

يبكي
....
cry

يحكك
....
stroke

يمشّط
....
comb

يهدر
....
talk

يفهم
....
understand

يستقسي
....
ask

يسمع
....
listen

يشرب
....
drink

ياكل
....
eat

يخمل
....
tidy up

ييبغي
....
love

يطيب
....
cook

يصوق
....
drive

يطير
....
fly

يبحر بالفلوكة

sail

يحسب

calculate

يقرا

read

يتعلم

learn

يخدم

work

يتزوج

marry

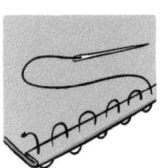

يخيط

sew

يغسل سنانو

brush teeth

يكتل

kill

يكمي

smoke

يرسل

send

لعايلة

family

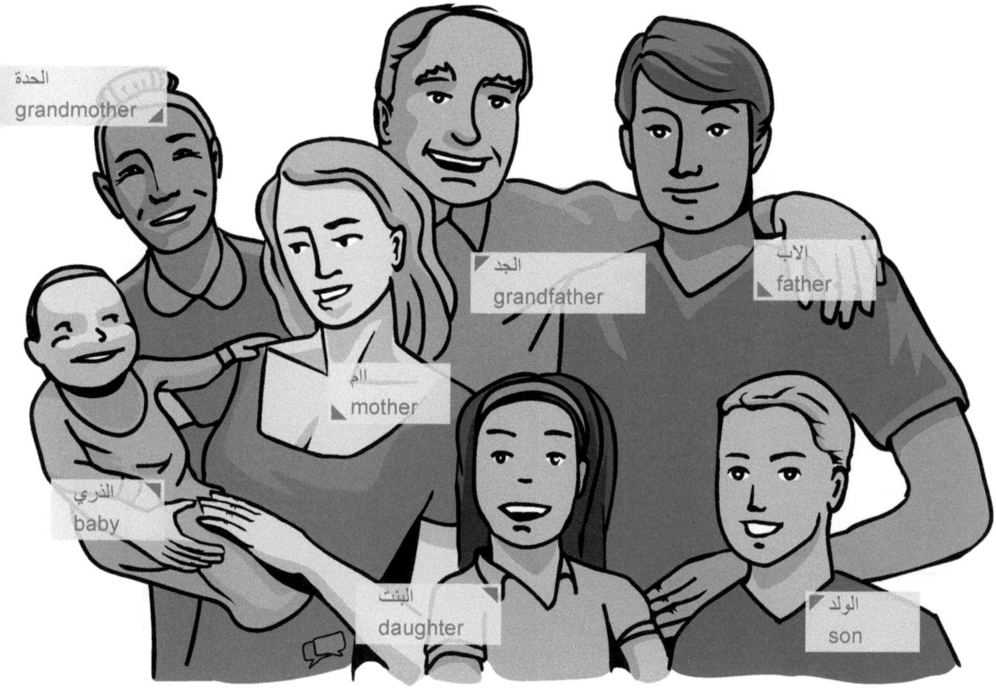

الحدة
grandmother
الجد
grandfather
الاب
father
ام
mother
الذري
baby
البنت
daughter
الولد
son

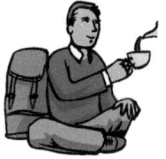

ضيف
....
guest

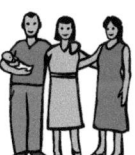

العمة / الخالة
....
aunt

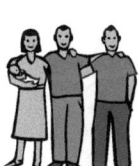

العم / الخال
....
uncle

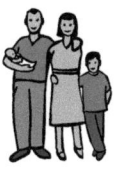

الخو
....
brother

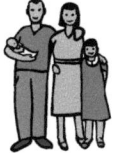

الخت
....
sister

الجسم
body

الجبهة
forehead
العين
eye
الكتف
shoulder
صبع
finger
الوجه
face
اللحية
chin
اليد
hand
الساق
leg
الصدر
breast
الذراع
arm

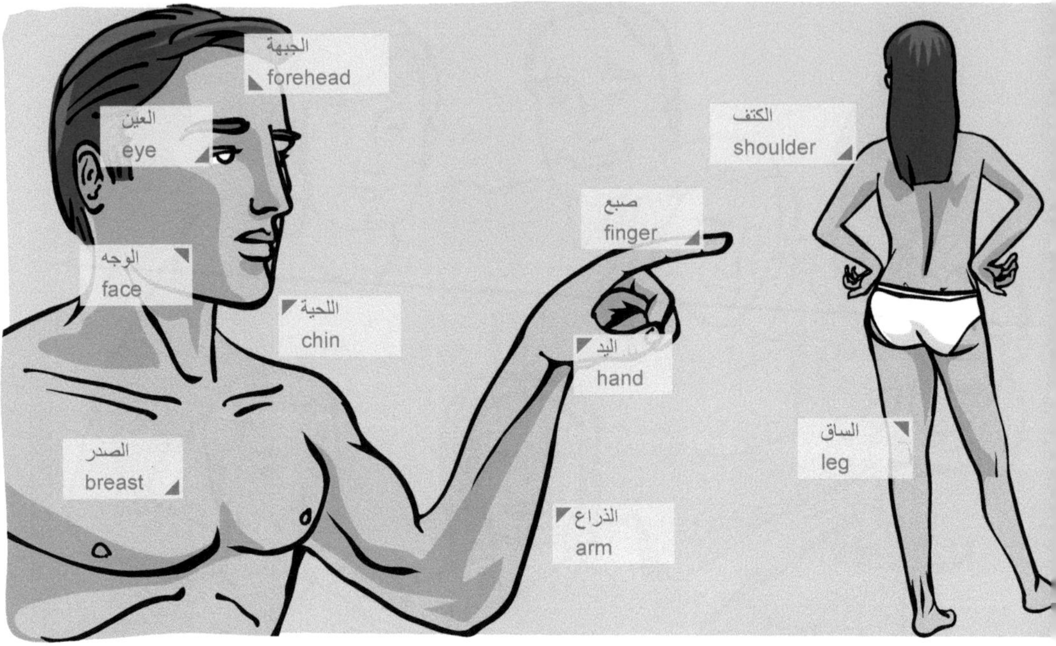

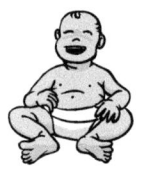

الذري
....
baby

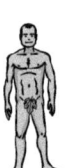

الراجل
....
man

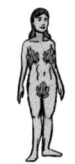

المرا
....
woman

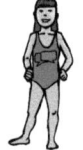

الشيرة، الطفلة
....
girl

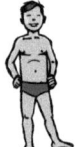

الشير
....
boy

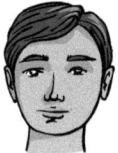

الراس
....
head

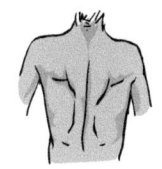

ظهر

back

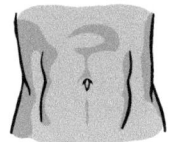

الكرش

belly

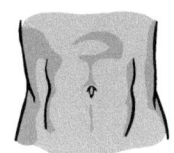

السرة

belly button

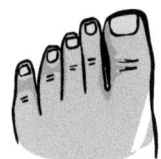

صبع

toe

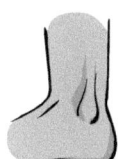

طالون

heel

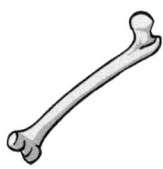

العظم

bone

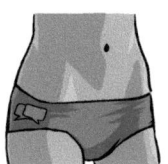

المرادف

hip

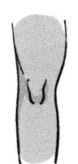

الركبة

knee

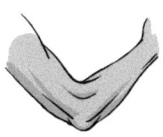

لمرفغ

elbow

نيف

nose

مصاصيط

bottom

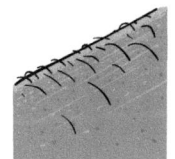

البشرة

skin

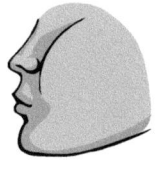

الحنوك

cheek

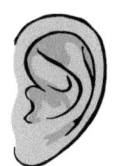

لوذن

ear

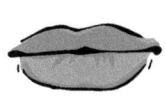

ثورب

lip

الفم

mouth

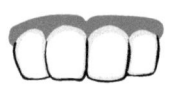

السنة

tooth

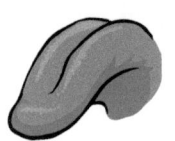

اللسان

tongue

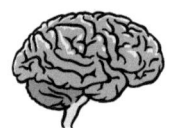

الدماغ

brain

القلب

heart

العضلة

muscle

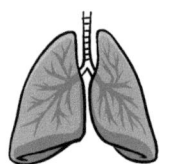

الرية

lung

الكبدة

liver

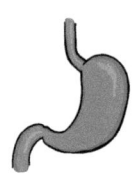

المعدة

stomach

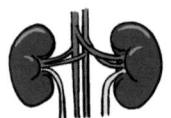

كلوى

kidneys

رابور

sex

بريزارفتيف

condom

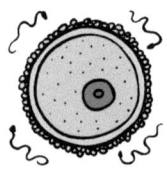

البويضة

ovum

سيرم

semen

شكربل

pregnancy

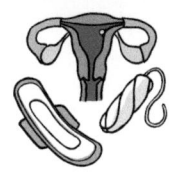

غلاريل

menstruation

المهبل

vagina

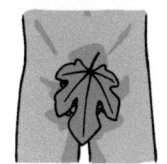

المذاكر

penis

الحاجب

eyebrow

الشعر

hair

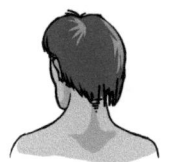

رقبة

neck

سبيطار

hospital

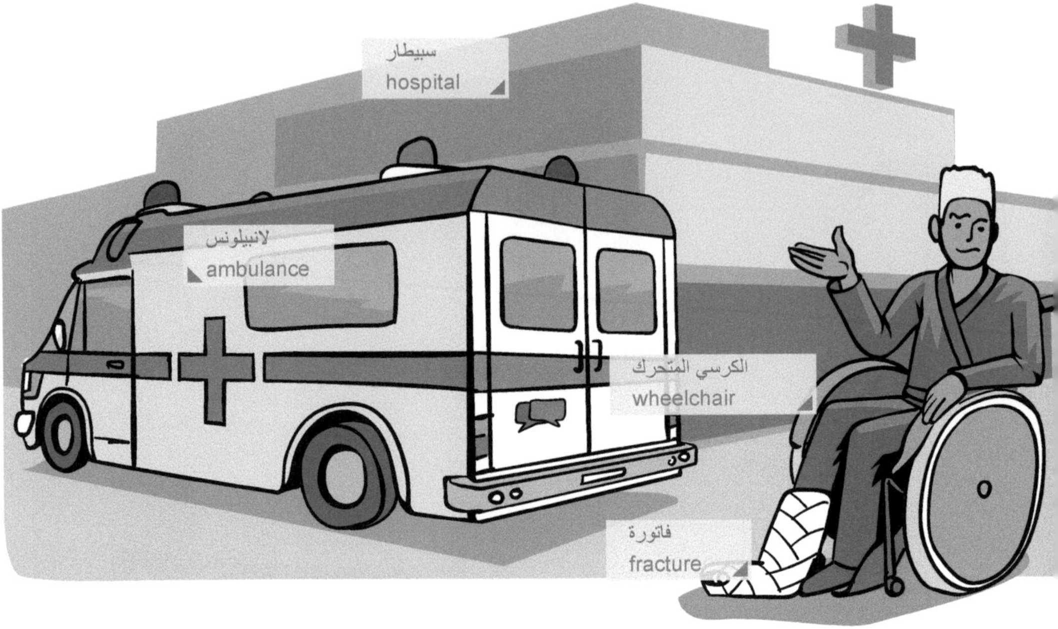

سبيطار
hospital
لانبيلونس
ambulance
الكرسي المتحرك
wheelchair
فاتورة
fracture

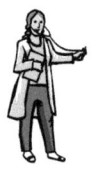

الطبيب

doctor

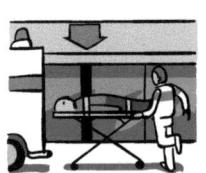

ليزيرجونس

emergency room

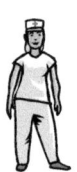

الممرضة

nurse

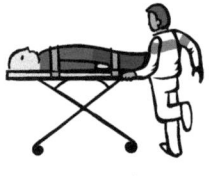

ليرجونس

emergency

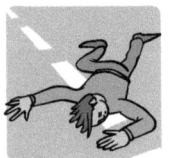

تغاشى

unconscious

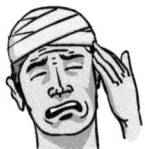

الوجع

pain

الجرح

injury

يسل الدم

bleeding

القلب

heart attack

لافيسي

stroke

لالرجي

allergy

الكحة

cough

الحمة

fever

لاقريب

flu

الاسهال

diarrhoea

ميغران

headache

السرطان

cancer

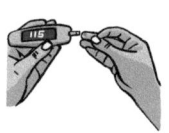

السكر

diabetes

الجراح

surgeon

مبضع

scalpel

عملية تاع القلب

operation

لاسيتي

CT

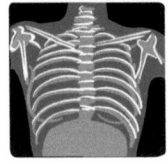

الراديو

x-ray

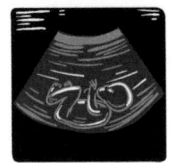

لولتخازون

ultrasound

لماسك

face mask

المرض

disease

وين يقارعو

waiting room

العكاز

crutch

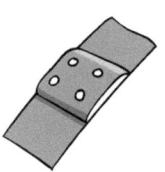

سكوتش

plaster

لبانسما

bandage

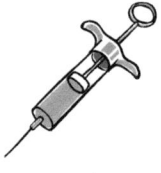

لبرة

injection

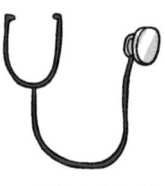

السماعة تاع الطبيب

stethoscope

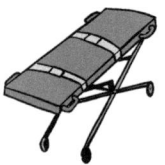

نقالة

stretcher

لوزنو بيه الحمة

clinical thermometer

زيادة

birth

السمونية

overweight

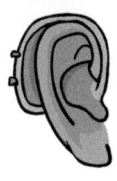

جهاز السمع

hearing aid

المعقم

disinfectant

لنفكسون

infection

الفيروس

virus

السيدا

HIV / AIDS

الدوا

medicine

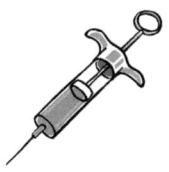

الفاكسان

vaccination

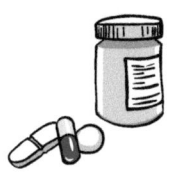

الدوا حب

tablets

بيلولة

pill

يعيط للنجدة

emergency call

الجهاز ليقيسو بيه الدم

blood pressure monitor

مريض / صحيح

ill / healthy

سلكوني

Help!

الالارم

alarm

يتعدا

assault

يهجم

attack

دونجي

danger

مخرج الطوارئ

emergency exit

النار شاعلة

Fire!

لكستانتور

fire extinguisher

اكسيدون

accident

فيزة تاع الاسعاف الاولي

first-aid kit

سلكونا

SOS

لابوليس

police

أوروبا

Europe

أمريكا الشمالية

North America

أمريكا الجنوبية

South America

أفريقيا

Africa

آسيا

Asia

أستراليا

Australia

المحيط الأطلسي

Atlantic

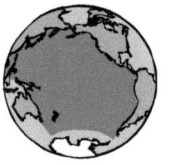

المحيط الهادي

Pacific

المحيط الهندي

Indian Ocean

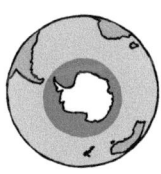

المحيط المتجمد الجنوبي

Antarctic Ocean

المحيط المتجمد الشمالي

Arctic Ocean

القطب الشمالي

North Pole

القطب الجنوبي

South Pole

منطقة القطب الجنوبي

Antarctica

أرض

Earth

بلاد

land

بحر

sea

جزيرة

island

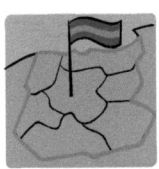

امة

nation

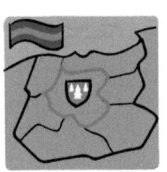

دولة

state

ميناء الساعة

clock face

عقرب الساعات

hour hand

عقرب الدقائق

minute hand

عقرب الثواني

second hand

شعال راها الساعة؟

What time is it?

يوم

day

زمن

time

دروك

now

ساعة رقمية

digital watch

دقيقة

minute

ساعة

hour

سيمانة

week

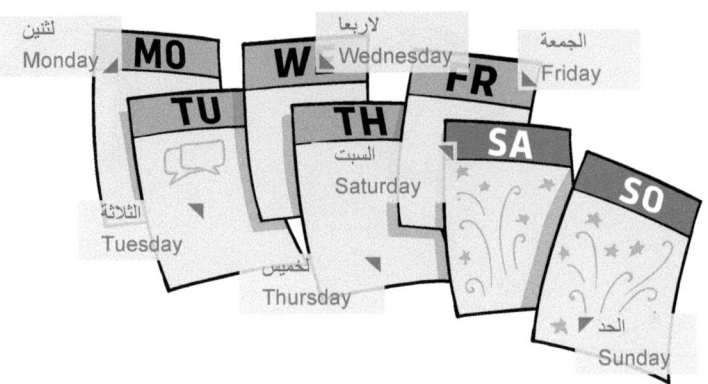

لثنين
Monday

لاربعا
Wednesday

الجمعة
Friday

الثلاثة
Tuesday

السبت
Saturday

لخميس
Thursday

الحد
Sunday

لبارح

yesterday

اليوم

today

غدوا

tomorrow

صباح

morning

القايلة

noon

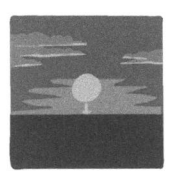

العشية

evening

MO	TU	WE	TH	FR	SA	SU
1	2	3	4	5	6	7
8	9	10	11	12	13	14
15	16	17	18	19	20	21
22	23	24	25	26	27	28
29	30	31	1	2	3	4

يامات الخدمة

business days

MO	TU	WE	TH	FR	SA	SU
1	2	3	4	5	6	7
8	9	10	11	12	13	14
15	16	17	18	19	20	21
22	23	24	25	26	27	28
29	30	31	1	2	3	4

ويكاند

weekend

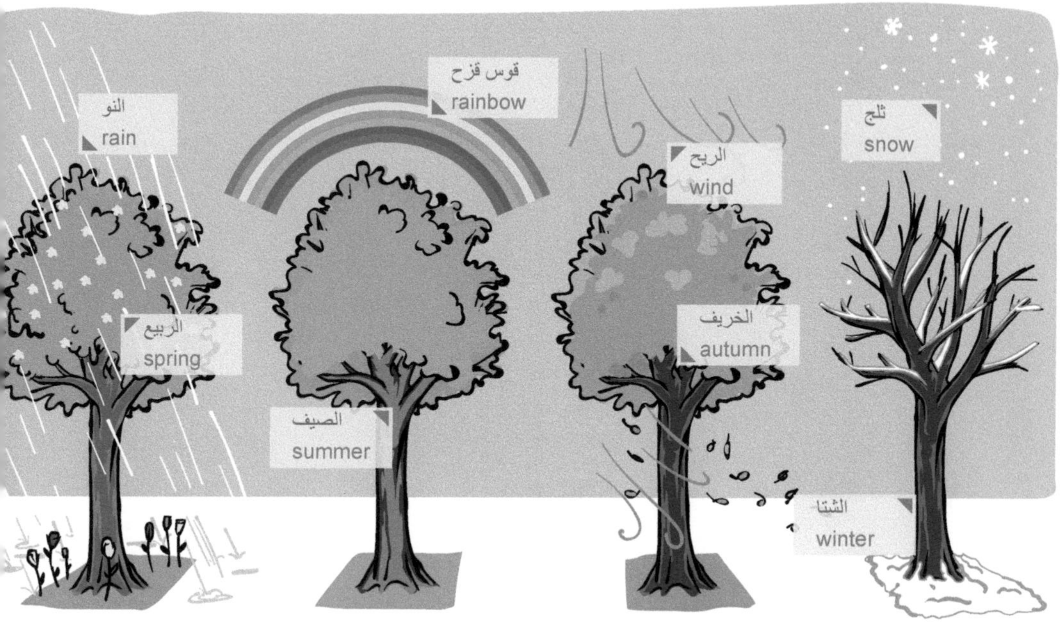

النو
rain

قوس قزح
rainbow

الريح
wind

ثلج
snow

الربيع
spring

الصيف
summer

الخريف
autumn

الشتا
winter

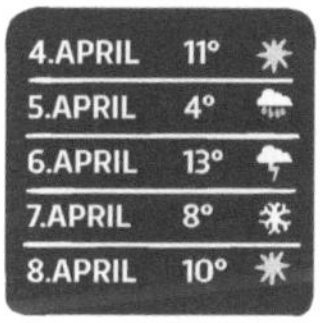

يتنبأ بالحال
weather forecast

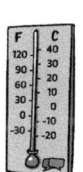

مقياس حرارة
thermometer

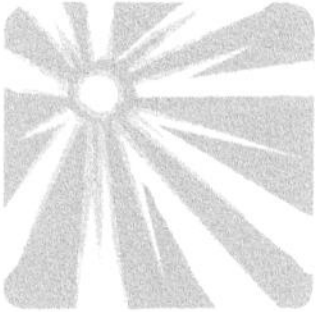

ضوء الشمس
sunshine

سحابة
cloud

ضباب
fog

ميديتي
humidity

برق

lightning

رعد

thunder

عاصفة

storm

بَرَد

hail

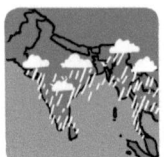

ريح

monsoon

طوفان

flood

جليد

ice

جانفي

January

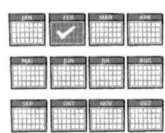

فيفري

February

مارس

March

افريل

April

ماي

May

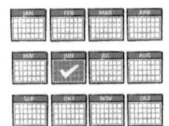

جوان

June

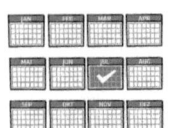

جويلية

July

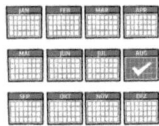

اوت

August

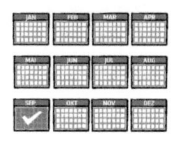

سبتمبر
....
September

اكتوبر
....
October

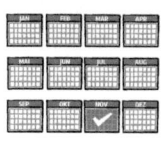

نوفمبر
....
November

ديسمبر
....
December

فورما

shapes

دويرة
....
circle

مربع
....
square

مستطيل
....
rectangle

مثلث
....
triangle

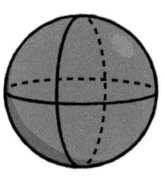

كويرة
....
sphere

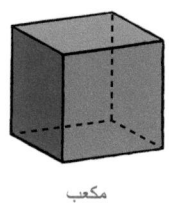

مكعب
....
cube

colours

بيض

white

صفر

yellow

تبّرتقيني

orange

روز

pink

حمر

red

حلحالي

purple

زرق

blue

خظر

green

قهوي

brown

قري

grey

كحل

black

بزاف / شوية

a lot / a little

زعفان / مكالمي

angry / calm

شباب / مشي شباب

beautiful / ugly

البدية / التالي

beginning / end

كبير / صغير

big / small

فاتح / فونسي

bright / dark

خو / خت

brother / sister

نقي / موسخ

clean / dirty

كامل / ناقص

complete / incomplete

نهار / الليل

day / night

ميت / حي

dead / alive

عريض / ضيق

wide / narrow

يقدو ياكلوه / ميقدروش ياكلوه

edible / inedible

شرير / ناس ملاح

evil / kind

يثير / يمل

excited / bored

سمين / رقيق

fat / thin

اللولا / التالية

first / last

الصاحب / لعدو

friend / enemy

معمر / فارغ

full / empty

قاصح / سوبل

hard / soft

ثقيل / خفيف

heavy / light

جوع / عطش

hunger / thirst

مريض / صحيح

ill / healthy

غير شرعي / شرعي

illegal / legal

ذكي / مبوقل

intelligent / stupid

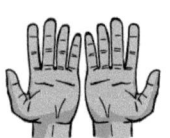

يسار / يمين

left / right

قريب / بعيد

near / far

جديد / مستعمل

new / used

مكانش / شوية

nothing / something

شيباني / شاب

old / young

يشعل / يطفئ

on / off

محلول / مبلع

open / closed

بشوية / بلفور

quiet / loud

مرفح / زوالي

rich / poor

نيشان / خاطيء

right / wrong

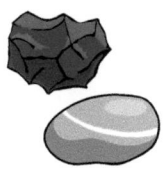

حرش / رطب

rough / smooth

زعفان / فرحان

sad / happy

قصير / طويل

short / long

بشوية / بلخف

slow / fast

مشمخ / ناشف

wet / dry

حامي / بارد

warm / cool

القيرة / لامان

war / peace

0	**1**	**2**
صفر	واجد	زوج
zero	one	two

3	**4**	**5**
تلاثة	ربعة	خمسة
three	four	five

6	**7**	**8**
ستة	سبعة	ثمانية
six	seven	eight

9	**10**	**11**
تسعة	عشرة	حداعش
nine	ten	eleven

12

ثناعش

twelve

13

تلطاعش

thirteen

14

رباطاعش

fourteen

15

خمسطاعش

fifteen

16

سطاعش

sixteen

17

سبعطتعش

seventeen

18

ثمنطاعش

eighteen

19

تساعطاش

nineteen

20

عشرون

twenty

100

مية

hundred

1.000

ألف

thousand

1.000.000

مليون

million

انقلي

English

انغلي تاع مريكان

American English

لغة الشنوية

Chinese Mandarin

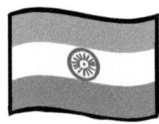

الهندية

Hindi

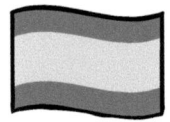

سبنيولية

Spanish

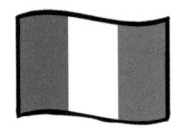

الفرونسي

French

العربية

Arabic

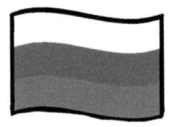

الروسية

Russian

البوتغالية

Portuguese

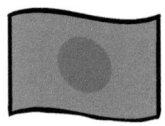

البنغالية

Bengali

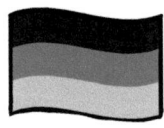

لالمنية

German

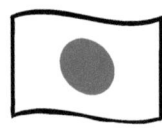

الجابونية

Japanese

انا

I

نتا

you

هو

he / she / it

حنايا

we

نتوما

you

هوما

they

شكون

who?

واش

what?

كيفاش

how?

وين

where?

وقتاش

when?

الاسم

name

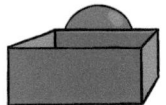

مرول

behind

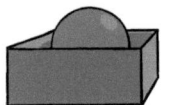

في

in

قدام

in front of

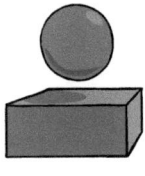

فوق

over

على

on

تحت

under

حدا

beside

بين

between

بلاصة

place